良質な睡眠のための7カ条

①起床したら朝日を浴びる

②就寝の２〜３時間前からカフェインの入った飲み物・食べ物（コーヒー・緑茶・チョコレート・栄養ドリンクなど）や、喫煙を控える

③寝酒は睡眠の質を落とすので控える

④平日と休日の起床時間はできるだけ同じにする

⑤睡眠不足の時は午後の早い時間に30分以内の昼寝がおすすめ

⑥就寝前に程よいストレッチを（**4ページ参照**）

⑦眠気が出たら寝床につく。朝方に目が覚めてしまい、二度寝ができないようであれば、寝床から出て朝の時間を有意義に使う

それでも眠れないときは、
その苦しみを一人で抱えこまずに専門家に相談を。

1日の疲れをとるのに役立つ
寝る前体操

腰痛にも
効果的

無理せず気持ちいい程度に、それぞれ20秒ほどずつ自然な呼吸で行いましょう。息を止めないためには、声を出して数をかぞえるとよいでしょう。

1

① 仰けに寝て片膝をかかえる
② 一方の足も曲げ、両膝をかかえるようにする
③ 反対側も同様に行う

2

① 手を広げてからだをひねる
② 片膝を床につけるように軽く押さえる
③ 顔はひねる方向とは反対を向く
④ 反対側向きも同様に行う

3

右足を
このまま
伸ばす

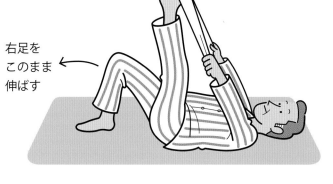

① 両膝を曲げて片足にタオルをかける
② タオルをかけた足を伸ばす
③ もう一方の足は下方に伸ばす
④ 反対の足も同様に行う

4

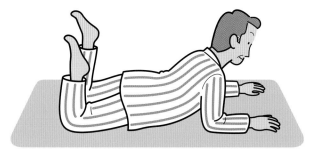

① うつ伏せになり、腕で支えて上半身を起こす
② 膝を曲げる

肘が肩の下にあるようにする

心のケア

年齢を重ねていくと、大切な人との死別体験や老化を実感することが増え、喪失感や孤独感から、心が穏やかでなくなることもあります。また、高齢者は若年者と一緒に仕事をする機会も多く、価値観の違いや仕事の新しい進め方に戸惑うこともでてくるでしょう。そのことが時として、からだの不調や抑えられない感情として、表れてくることもあるようです。近年では、マインドフルネスという「いまの瞬間」に注意を向けることが、痛みや感情のコントロールに有効といわれています。その方法の一つに「呼吸法」があります。「呼吸」は、誰もが無意識に行っていることですが、逆に、意識して行うことで、誰でもすぐに自分自身のコントロールに役立てることができます。

また、人生経験を積んできた結果、自分なりの考え方や人柄が作り上げられてしまい、ものの見方や考え方が頑なになる傾向もあり、さまざまな視点に思いが及ばず、避けてしまうことがあるかもしれません。しかし、自分自身を客観的に見たり、身近な人の話に耳を傾けたりすることができると、違う視点で捉えられるかもしれません。その結果、ストレスと感じる不快なことや不安、悩みに対しても前向きに気持ちが切り替えられ、しなやかな強さのある自分に気付けるのではないでしょうか。

呼吸法以外にも、本書で紹介した体操を行うときなどに、どこに効いているのか自分で意識することで、マインドフルネス効果が得られます。

呼吸法

① 鼻から息を
　3秒かけて吐く
② 鼻から息を
　3秒かけて吸う
③ 息を3秒止める
①～③をくり返す

アンガーマネジメント

抑えられない感情の一つに怒りがあります。怒りは人間に備わった自然な感情なので、なくすことはできません。怒ることは必ずしも悪いことではないのです。防衛機能の役割としてある、自分の身を守るための感情ともいえます。怒りの感情は、まず「こうあるべき」「○○べきではない」……という自分の中にある考え方や信念が裏切られた時に湧いてきます。人それぞれの「べき」があることを認識しましょう。もし、怒りの感情が湧いたら、「まあ許せる」と思えるゾーンを広げてみることや、6秒数えてみる……など、感情をコントロールするための行動を身に付けておくことも大切です。

2 栄養

やせてきたら
要注意！

　高齢者のやせは肥満よりも死亡リスクが高くなります。若い頃は、食べ過ぎなどの対策をとることが多かったと思いますが、加齢とともに、低栄養も問題となってくるでしょう。筋肉や骨を作るのに重要な**タンパク質**、**カルシウム**、**ビタミンD** の摂取を心がけることが必要です。

　また、さまざまな世代との食事は食品数や多用な食材を摂るきっかけにもつながります。

※基礎疾患のある人は、主治医の指示に従いましょう。

【今から注意しておきたい食事のポイント】

1日3食　食べていますか？

　年齢を重ねると、1回に食べる量が少なくなってきます。そのため3回の食事で1日に必要なエネルギーやタンパク質をとるように意識しましょう。また、規則正しい食事のリズムは生活リズムを整えることにもなり、からだを動かすことで空腹感も感じるようになります。

バランスよく　食べていますか？

　菓子パンや麺類などの単品メニューは簡単に食べられますが、なるべく、肉・魚・卵・乳製品・大豆製品等、タンパク質を多く含む食品を毎食に1品入れるように意識しましょう。

楽しく　食べていますか？

　友人、家族、同僚などと会話を弾ませコミュニケーションをとりながらの食事時間は、笑顔で楽しい時間になり、食欲を増進させます。

　感染症予防への配慮も忘れずに。

タンパク質やカルシウム、ビタミンDをとる ひと工夫

・コーヒーには牛乳や豆乳をプラスする

・缶詰や冷凍食品など、「あと一品」に便利なものを常備する

・お弁当や外食は、おかずの種類が多い定食メニューを選び、コンビニ で買う昼食は、いろいろな食品から選ぶ

オーラルフレイルチェック

　口腔機能が低下している状態を「オーラルフレイル」といいます。 そのままにしていると身体機能の低下につながることがあります。 「オーラルフレイル」の初期症状として「むせる・食べこぼす」「滑 舌が悪くなる」「かみにくい」「口の渇き・口臭」などがあります が自分では気付かないことが多いので、セルフチェックしてみま しょう。

> 食べる力を保つ！ あなたは大丈夫？ お口の機能チェック

オーラルフレイルのスクリーニング問診票

質問項目	はい	いいえ
半年前と比べて、かたいものが食べにくくなった	2点	
お茶や汁物でむせることがある	2点	
義歯を使用している	2点	
口の渇きが気になる	1点	
半年前と比べて、外出の頻度が少なくなった	1点	
さきいか・たくあんくらいのかたさのものがかめる		1点
1日に2回以上は歯を磨く		1点
1年に1回以上は歯科医院を受診している		1点

8項目に 「はい」「いいえ」 で回答し 合計点数を 算出します

合計点数が …………　　**0〜2点：オーラルフレイルの危険性は低い**

3点：　　オーラルフレイルの危険性あり

4点以上：オーラルフレイルの危険性が高い

図1：オーラルフレイルチェック方法

東京大学高齢社会総合研究機構　田中友規、飯島勝矢：作表
出典：神奈川県「オーラルフレイルハンドブック（県民向け）」

いつまでもおいしくいただくために

　歯を喪失する2大要因はむし歯と歯周病です。歯周病は、歯を支えている歯肉・歯ぐきが細菌感染によって炎症を起こしている状態で、全身への影響（糖尿病、骨粗しょう症、動脈硬化）も昨今の研究で明らかになり、24時間分泌されている唾液の重要性も指摘されています。

　歯周病は30代から60代にかけて有病率が高く、初期の段階では自覚症状があまりなく、自分でチェックすることが難しく知らず知らずのうちに進行してしまいます。半年に1回は歯科検診を受けるようにしましょう。

　また、睡眠中は唾液の分泌が減り、口腔は細菌が繁殖しやすい状態になるので、特に**寝る前**は歯と歯ぐきの境目の磨き残した歯垢（プラーク）を取り除くよう、**丁寧に歯磨き**をするとよいでしょう。健やかな口腔機能を保つために図2の体操を行いましょう。

1 目はしっかり閉じ、目玉は下方に。口は口角を上げしっかり閉じる。

2 目は大きく開き目玉は上方に。口を大きく開く。

3 口を閉じたまま舌で、口唇の内側を舐めるように回す。（右回り、左回り）

4 ここで溜まった唾液をゴックン！

5 舌先に力を入れしっかりと前に出す。（そのまま10秒キープ）

図2：「お口の健口体操」グー・パー・ぐるぐる・ごっくん・ベー

出典：神奈川県「オーラルフレイルハンドブック（県民向け）」（一部改変）

Topics

フレイル、ロコモティブシンドローム、サルコペニアとは・・・

　些細なストレス（例：“少し”の環境変化、“軽度”の感染症、“小”手術など）により、その原因に見合わないほどの大きな健康状態の変化の危険性があり、生活機能障害、要介護状態、死亡などに陥りやすい状態を「フレイル」といいます。「フレイル」は適切な支援やケアで改善が見込めるといわれています。

　フレイルの概念には身体的、精神・心理的、社会的なものがあります。身体的フレイルの中で、関節や筋肉の運動器の低下によって、歩く、階段をのぼるなど移動がしにくい状態を「ロコモティブシンドローム」といい、筋力・筋量低下の状態を「サルコペニア」といいます（**10ペ**ージ参照）。

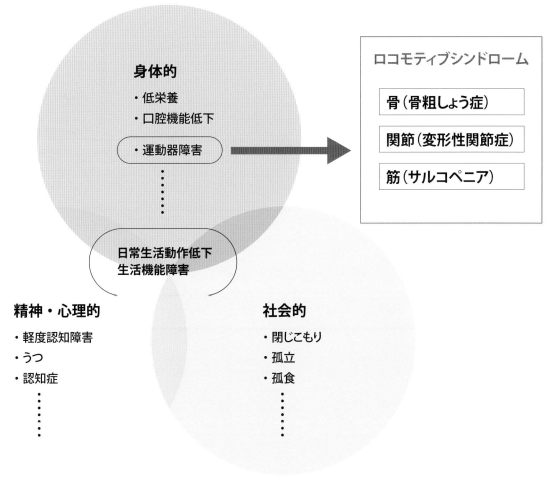

図３：フレイル

出典：アクティブシニア「食と栄養」研究会
鈴木隆雄.介護予防とフレイル「アンチエイジング医学」2016：12：15を元に作図

3 運動

　運動というと激しいスポーツをイメージするかもしれませんが、近年の研究では、少しずつの身体活動でも全く動かないよりは運動の効果が得られることが分かってきました。

　適度な身体活動は**爽快感**を伴い、食事や休養といった他の生活習慣にもよい影響を与えます。

　筋力・筋量の低下した状態であるサルコペニアの危険度が高まると、さまざまな健康リスクを及ぼすといわれていますので、図4の指輪っかテストで自分の筋肉量を測ってみましょう。

> ふくらはぎの太さをチェックしてみよう！

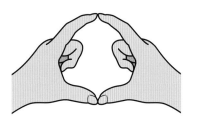

1 両手の親指と人差し指で輪を作ります

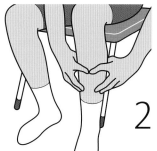

2 利き足でない方のふくらはぎの一番太い部分を、力を入れずに軽く囲んでみましょう

囲めない

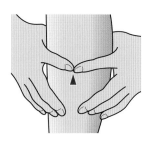

ちょうど囲める

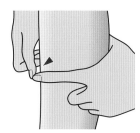

隙間ができる

低い ← ─ ─ ─ ─ ─ ─ サルコペニアの危険度 ─ ─ ─ ─ → 高い

図4：『指輪っかテスト』　　　出典：東京大学高齢社会総合研究機構　飯島勝矢「フレイル予防ハンドブック」から引用

日常生活でできる運動

※運動するときの注意

　今まで運動習慣のなかった人が急に運動を始めると、ケガや事故のリスクがあるため、無理のない範囲で、少しずつ様子をみながら動き始めるとよいでしょう。

スクワット：お尻と太ももの筋肉を刺激する

足を肩幅に広げお尻を後ろにつきだすように膝を曲げます。

腕を前に水平に上げたり、腕を胸の前で組んだりすることで強度が変わります。自分に合った方法で実施しましょう。

Point

・膝がつま先より前に出ないように腰を下げる
・膝とつま先は同じ方向に向けるようにして実施する

ヒールアップ：ふくらはぎとお尻の筋肉を刺激する

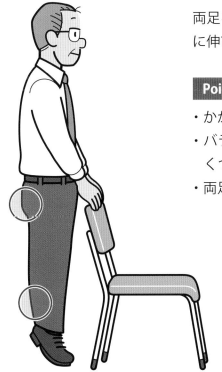

両足をそろえて、からだが前後左右に傾かないよう、真上に伸び上がるように行います。

Point

・かかとを上げるときはお尻を閉めるように行う
・バランスをくずす心配があるときは、安定したものに軽くつかまりながら実施する
・両足の内側をくっつけるように行う

ランジ：脚の筋肉を刺激し、バランス力を維持する

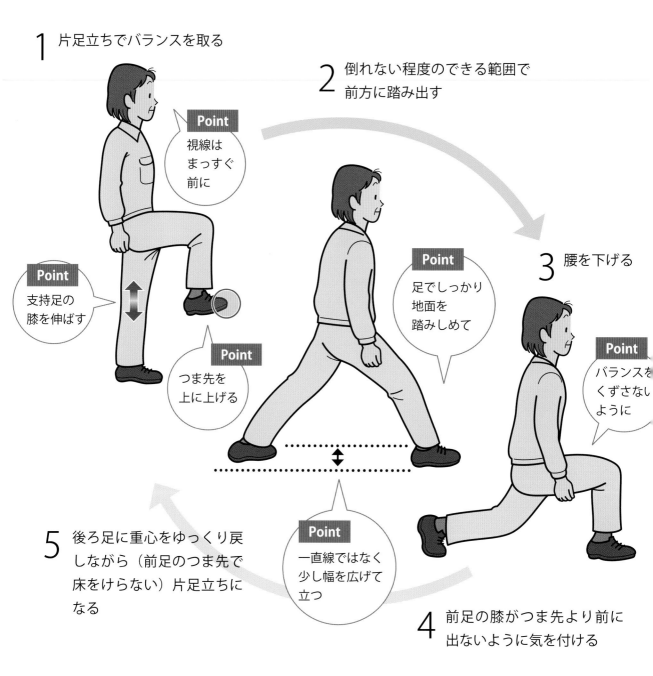

1 片足立ちでバランスを取る

Point
視線は
まっすぐ
前に

Point
支持足の
膝を伸ばす

Point
つま先を
上に上げる

2 倒れない程度のできる範囲で
前方に踏み出す

Point
足でしっかり
地面を
踏みしめて

3 腰を下げる

Point
バランスを
くずさない
ように

5 後ろ足に重心をゆっくり戻
しながら（前足のつま先で
床をけらない）片足立ちに
なる

Point
一直線ではなく
少し幅を広げて
立つ

4 前足の膝がつま先より前に
出ないように気を付ける

Point
・バランスをくずす心配があるときは、安定したものにつ
　かまりながら実施する
・動作はお腹（丹田）を意識し、できる範囲で行う
・動作が連続しなくても、1つひとつゆっくりていねいに
　行ってもよい

姿勢のはなし

姿勢が良いと、肩こり・腰痛になりにくい、足が運びやすい、見た目が若々しいなど良いことづくめです。壁を使って自分の姿勢をチェックしてみましょう。

やり方

1 かかとは壁から5cmほど離して立つ

2 次のことを意識する

- ☐ 頭が壁につく
- ☐ あごをひく
- ☐ 肩を壁につける
- ☐ お腹（丹田）に力を入れる

・ 頭が前に出て壁につかない

・ 肩が壁につかず、前に出ている

・ 腰が反っている

・ 膝が曲がっている

姿勢改善に役立つ体操

1 壁から2足分離れ、足を肩幅に広げて立つ

2 手を肩の高さで壁に伸ばし肩幅に広げた位置におく。肩幅より狭くならないようにする

3 腕は、脇を少し広げて肩甲骨を寄せるように曲げる

Point
からだを反らせず一直線になるよう意識する

Point
かかとはできるだけ床から離さないように

デュアルタスクトレーニング

注意の分散に
役立つ

　高齢者の転倒には、単に運動能力だけではなく2つのことを同時に行う能力の低下も関与しているという研究報告がなされています。実際、日常の生活では、周りの人の状況などを判断しながら作業をすることが多く、転倒だけにかかわらず同時に多くの情報を処理しています。

※無理せず、できる範囲で安全に注意して行いましょう

例えば

【計算歩行】

その場
足踏みでも
OK

100から7を引き算しながらウオーキング
歩くときは以下の点にも気を付けましょう

100 ひく 7 は 93
93 ひく 7 は 86
86 ひく 7 は 79

遠くを見る

見えないヒモで、
上から吊り上げられている
気持ちで

背すじをまっすぐにして
少し胸をはる

手を軽く振り
肘を 90 度に曲げる

お尻に力を入れて

丹田を意識して

膝を伸ばして

かかとから着地

呼吸が苦しくない程度の早歩き

高齢者が抱えやすい症状に効く

肩コリに役立つ
肩ぐるぐる体操

手先を肩に軽くふれて、肘を前から後ろに円を描くように回します。

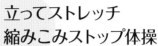

立ってストレッチ
縮みこみストップ体操

① 足を肩幅に広げて立つ
② 片手を腰にもう一方を上にあげる
③ 腰に手をあてたほうにからだを倒す

伸びているところを意識する

目の疲れに

ドライアイの予防

目をグッと閉じ、次にパッと見開く
乾いた目に潤いと栄養がいきわたります

ハムストリングスのストレッチ
膝痛のケアに

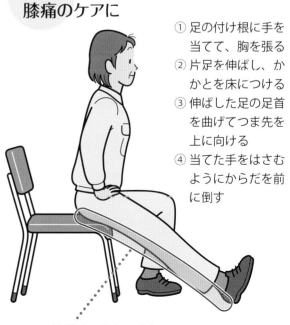

① 足の付け根に手を当てて、胸を張る
② 片足を伸ばし、かかとを床につける
③ 伸ばした足の足首を曲げてつま先を上に向ける
④ 当てた手をはさむようにからだを前に倒す

眉間のマッサージ

気持ちよく感じる程度の強さで目と目の間、鼻筋のへこみあたりをやさしく押します

伸びているところを意識する

◎ 参考資料・文献
1）e - ヘルスネット厚生労働省　生活習慣病予防のための健康情報サイト . https://www.e-healthnet.mhlw.go.jp/
2）健康長寿ネット . https://www.tyojyu.or.jp/net/index.html
3）特定非営利活動法人　日本臨床歯周病学会 . https://www.jacp.net/
4）山口正貴，高見沢圭一　他：慢性の非特異的腰痛患者に対する 4 種のストレッチングの介入効果. 理学療法学 , 2017；
　　44：440-449.
5）厚生労働省．転倒・腰痛予防！「いきいき健康体操」.（令和元年度厚生労働科学研究費補助金　労働安全衛生総合
　　研究事業「エビデンスに基づいた転倒予防体操の開発およびその検証」の一環としての製作）
　　https://www.mhlw.go.jp/stf/seisakunitsuite/bunya/koyou_roudou/roudoukijun/anzen/anz.0eneisei02.html

100 年ライフ　安全・健康に働く③
エイジフレンドリーを目指して　心とからだのセルフケア

令和 2 年 10 月 16 日　第 1 版第 1 刷発行
令和 5 年 11 月 13 日　　　　第 5 刷発行

編　者　　中央労働災害防止協会
発行者　　平山　剛
発行所　　中央労働災害防止協会
　　　　　〒 108-0023　東京都港区芝浦 3-17-12 吾妻ビル 9 F
　　　　　Ｔ Ｅ Ｌ　〈販売〉03-3452-6401
　　　　　　　　　　〈編集〉03-3452-6209
　　　　　ホームページ https://www.jisha.or.jp/
印　刷　　株式会社日本制作センター
イラスト　平松　ひろし
デザイン　スタジオトラミーケ
○乱丁・落丁はお取り替えします。
©JISHA 2020　21615-0105
定価 242 円（本体 220 円＋税 10%）
ISBN978-4-8059-1955-2
C3060 ¥220E